Kaffee und Espresso

AUTORIN: ALESSANDRA REDIES | FOTOS: JÖRN RYNIO

Praxistipps

Extra

Rezepte

Perlen vor die Kamele?

Heute alltägliches Genussmittel, früher rares Luxusgut für Betuchte – und davor: dachten einige Wiener, bei den Bohnen handele es sich um »Kamelfutter« ...

Man schrieb das Jahr 1683, und die Türken belagerten Wien. Nachdem sie durch das kaiserliche Heer vernichtend geschlagen worden waren, fanden sich in ihrem »Nachlass« unter anderem hunderte Säcke mit grünen Kaffeebohnen. Diese hielten die Wiener zunächst für Kamelfutter. Glücklicherweise wusste ein Mann besser Bescheid: Der Legende nach war es ein gewisser Franz Georg Kolschitzky, der das erste Wiener Kaffeehaus eröffnete. Weil er sich als Kundschafter während der Belagerung große Verdienste um die Stadt erworben hatte, bekam er jene türkischen Kaffeebohnen geschenkt, und eine Ausschankerlaubnis für das schwarze Getränk.

Man mag dieses Histörchen glauben oder nicht, sicher ist jedenfalls: Als Getränk hat sich Kaffee in Europa erst im 17. Jahrhundert etabliert. Die Geschichte der aromatischen Bohnen geht jedoch viel weiter zurück. Die Urheimat des Kaffeebaums ist wohl das heutige Äthiopien, genauer das abessinische Hochland: Die Provinz Kaffa gilt als Namensgeberin des Kaffees, und sicher ist: Die in Kaffa lebenden Menschen kannten seine Früchte (wenngleich auch nicht deren Nutzung).

Von Afrika aus gelangte der Kaffee Mitte des 15. Jahrhunderts nach Arabien: Einem zeitgenössischen Bericht zufolge ließ Scheich Gemaleddin Kaffeesamen oder -pflanzen aus Abessinien holen und 1454 im Jemen die ersten Kaffeekulturen anlegen. Offenbar mit großem Erfolg: Bald schon belieferte Jemen die gesamte arabische Welt mit Kaffee. Nachdem in der ersten Hälfte des 16. Jahrhunderts das Osmanische Reich enorm expandierte, war es von da ab Sache der Türken, den Kaffee auch in den letzten Winkel ihres riesigen Reiches zu verbreiten: Ob in Kleinasien, Ägypten oder Syrien – überall entstanden Kaffeehäuser.

Nach Europa kam der Kaffee Ende des 16. Jahrhunderts: Durch Reiseberichte aufmerksam geworden, brachten Handelsreisende erstmals Kaffeebohnen von ihren Fahrten mit. Ein reger Handel mit der kostbaren Ware setzte aber erst Mitte des 17. Jahrhunderts ein; das erste Kaffeehaus auf deutschem Boden öffnete 1673 in Bremen seine Pforten. Was wir heute ganz selbstverständlich und tagtäglich genießen, war damals eine teure Rarität. Dennoch stieg die Nachfrage nach Kaffee kontinuierlich, weswegen Kolonialmächte wie z. B. Holland in allen anbaugeeigneten, d. h. subtropischen Gebieten, wie etwa Indonesien, Plantagen errichteten. Kaffee war eine wichtige Wirtschaftsware geworden. In ihren Genuss konnten aber erst im Zuge der Industrialisierung auch weniger Betuchte kommen: Der technische Fortschritt vereinfachte auch die Kaffeeverarbeitung, was die Bohnen preiswerter machte.

Heute wird Kaffee hauptsächlich rund um den Äquator bzw. im so genannten Kaffeegürtel entlang des 28. Breitengrades angebaut, denn hier finden die Pflanzen optimale Bedingungen: ein feuchtwarmes Klima und konstante Temperaturen zwischen 17 und 23°. Die wichtigsten Anbauländer sind Brasilien, Kolumbien und Mexiko, Uganda, Indonesien und Vietnam.

Von der Bohne zum Pulver

Der Rohstoff Die roten Kaffeebaumfrüchte enthalten jeweils zwei Samen (Bohnen), die von einer pergamentartigen Hülle umschlossen sind. Sie zu entfernen kann auf zwei Arten geschehen: Die ganzen Früchte werden entweder so lange getrocknet, bis sich die Bohnen aus den Hüllen lösen lassen. Oder die Bohnen werden gewaschen, dabei aus den Schalen gedrückt, nochmals gewaschen und anschließend getrocknet.

Kaffeebaumfrüchte

Das Rösten Erst durch das Rösten erhalten die zunächst fast farb- und geruchlosen Bohnen die dunkelbraune Farbe und das spezifische Aroma. In kleinen Röstereien geschieht das in offenen Apparaten über Holzfeuer: Die Bohnen werden unter ständigem Rühren bei 150-200° gebräunt. Weil die in den Bohnen steckenden Zucker- und Inhaltsstoffe dabei karamellisieren, erhalten die Bohnen ihr spezielles Aroma. Industriell gerösteter Kaffee wird in geschlossenen Kesseln erhitzt – ergibt gute, aber längst nicht so aromenreiche Qualität.

Kaffee mahlen

Rösten

Das Mahlen Im Handel angebotener Kaffee besteht meist aus einer Mischung von Bohnen verschiedener Kaffeepflanzen-Arten (s. S. 6). Werden sie gemahlen verkauft, ist der Mahlgrad für das Ergebnis wichtig: Espresso darf nicht, Mokka dagegen muss fein gemahlen sein; einfacher Filterkaffee wiederum wird mittelfein gemahlen – feines Pulver würde die Filterporen verstopfen.

Die wichtigsten Kaffeesorten

Was ist der Unterschied zwischen Espresso und Mokka? Und was versteht man unter »Wiener Mischung«? Lesen Sie hier nach!

Coffea Arabica Die bedeutendste Kaffeepflanzen-Art: Von ihr stammen 60 % der Weltproduktion. Kein Wunder, denn die Arabica liefert Kaffeebohnen von allerbester Qualität mit relativ geringem Säure- und Koffeingehalt. Je nach Sorte und Herkunft variieren die vielfältigen Aromen, die sich beim Rösten entwickeln, doch generell zeichnet sich Arabica-Kaffee durch einen fein süßlichen Geschmack aus.

Besondere Arabica-Sorten Kaffee-Gourmets schwören auf die Arabica-Sorte »Blue Mountain« aus Jamaika, wo die Pflanzen in fruchtbarem Vulkanboden wachsen. Bei vollem Aroma schmeckt dieser Kaffee sehr weich und mild – hat aber auch seinen Preis. Ebenfalls nicht ganz preiswert: Hochlandkaffee – er stammt von Pflanzen, die in tropischen Höhenlagen wachsen. Dort herrschen beste Wachstumsbedingungen, und die Bohnen liefern einen sehr feinen, harmonischen, manchmal leicht schokoladigen Kaffee.

Coffea Robusta Nimmt den zweiten Platz auf der Hitliste der Kaffeepflanzen-Arten ein. Im Gegensatz zur frostempfindlichen und schädlingsanfälligen Arabica ist die Robusta – der Name sagt es schon – um einiges widerstandsfähiger. Darüber hinaus ist sie sehr ertragreich, und die Bohnen können schneller geerntet werden. Kaffee aus Robustabohnen schmeckt bitterer als Arabica-Kaffee und enthält fast doppelt so viel Koffein. Für den typischen Robusta-Geschmack ist außerdem ein hoher Säureanteil verantwortlich.

Espresso Eine Mischung aus verschiedenen Arabica-Sorten. Damit diese den herzhaft-würzigen Espresso-Geschmack entfalten, werden sie einem intensiven Röstverfahren unterzogen. (Auf Grund der kräftigen Röstung enthält Espresso übrigens weit weniger Koffein als andere Kaffeesorten.) Weil zu einem guten Espresso auch die charakteristische Schaumkrone, die »Crema«, gehört, werden zusätzlich kleinere Mengen Robusta-Bohnen beigemischt. Vor allem für die Zubereitung in der Espressokanne (s. S. 14) wichtig: Espresso darf nicht zu fein gemahlen sein. Mit zu feinem Pulver wird der Druck in der Kanne zu groß, das Wasser wird zu langsam durch das Pulver gepresst und der Espresso wird scheußlich bitter.

Mokka So bezeichnet man Kaffee aus Jemen und Äthiopien. Die jemenitische Stadt Al Mukah am Roten Meer war einst wichtiger Kaffee-Verladehafen und gab dem Mokka seinen Namen. Die Bohnen werden noch kräftiger als für Espresso geröstet und dann staubfein gemahlen. Aus diesem Pulver wird dann der Türkische (s. S. 21) gebraut, ein kräftiger, vollmundiger Schwarzer mit feiner Säure.

Wiener Mischung Für Wiener Kaffeespezialitäten unentbehrlich ist »Vienna Roast« bzw. die »Wiener Mischung« aus Arabica-Kaffees. Die Bohnen werden dunkler als für Filterkaffee, aber heller als für Espresso geröstet. Werden sie zusammen mit Zucker geröstet und gemahlen, heißt das »Wiener Melange« und schmeckt fein nach Karamell.

Arabica-Bohnen

»Blue Mountain«

Robusta-Bohnen

Espresso-Bohnen

Mokka

»Wiener Mischung«

Kaffee klassisch

Damit werden Franzosen – und ich! – hellwach: mit dampfend heißem Milchkaffee, aus einer Schale genüsslich geschlürft. Klassisch gibt's ein fein-buttriges Croissant dazu, ich allerdings mag's morgens etwas »schlanker« und tunke lieber ein knuspriges Brötchen ein …

Café au lait

6 Messlöffel grob gemahlener, stark gerösteter Kaffee (ca. 40 g)
¼ Tablette Zichorien-Kaffeegewürz (ersatzweise 1 EL Getreidekaffee)
500 ml Vollmilch

Außerdem
Stabfilterkanne

Für 4 Personen | 15 Min. Zubereitung
Pro Portion ca. 80 kcal, 4 g EW, 4 g F, 6 g KH

1 Ca. 500 ml Wasser aufkochen. Das Kaffeepulver in die Filterkanne geben, das Kaffeegewürz darüber zerbröckeln.

2 Das kochende Wasser von der Kochstelle nehmen und ca. 30 Sek. abkühlen lassen, dann über den Kaffee gießen und gut verrühren. Den Deckel mit hochgezogener Filterscheibe auf die Kanne setzen und den Kaffee 3–5 Min. ziehen lassen.

3 Inzwischen die Milch in einem Topf erhitzen, aber nicht aufkochen.

4 Die Filterscheibe der Kaffeekanne langsam und stetig nach unten drücken.

5 Vier große Kaffeeschalen bereitstellen. In jede Schale gleichzeitig Kaffee und Milch zu gleichen Teilen eingießen. Den Milchkaffee nach Belieben mit Zucker servieren.

TIPP – EINFACHER GIESSEN

Da Kaffee und Milch möglichst gleichzeitig eingegossen werden sollten, können Sie die heiße Milch auch in eine Kanne geben. So ist beidhändiges Gießen überhaupt kein Problem.

GUT ZU WISSEN

Zichorien-Kaffeegewürz bekommen Sie im Kaffeegeschäft und auch im Reformhaus.

Wiener Evergreen

Schwarzer

4 Messlöffel mittelfein gemahlener Kaffee (ca. 30 g, besonders gut Vienna Roast/ Wiener Mischung)

Außerdem

Kaffeefilteraufsatz mit Filter

Für 4 Personen | 15 Min. Zubereitung
kalorienfrei

1 Ca. 500 ml Wasser zum Kochen bringen. Inzwischen eine Kaffeekanne mit heißem Wasser ausschwenken, Filteraufsatz mit Filter darauf setzen.

2 Das kochende Wasser von der Kochstelle nehmen und ca. 30 Min. abkühlen lassen. Dann gerade so viel Wasser in den Filter gießen, dass das Kaffeepulver eben bedeckt ist. Ca. 1 Min. warten, der Kaffee muss quellen.

3 Erst wenn der Filter ganz leer gelaufen ist, wieder Wasser nachgießen. Dabei immer in die Mitte und nicht an den Rand des Filters gießen, so quillt der Kaffee besser und gibt seine Aromastoffe am besten ab. Auf diese Weise nach und nach das gesamte Wasser aufgießen.

4 Den fertig gebrühten Kaffee in kleine Kaffeetassen verteilen und mit Zucker, Sahne und einem Glas Wasser servieren.

KAFFEEHAUS-VARIANTEN

Aus dem Schwarzen wird ganz schnell ein Brauner, indem man Milch oder Sahne dazugibt. Die doppelte Menge an Kaffee braucht es dann für den Einspänner, der mit einer Haube Schlagobers (geschlagene Sahne) im Glas serviert wird. Wer zusätzlich noch Rum oder Cognac hineinrührt, hat einen Fiaker.

blitzschnell | besonders fein mit Vanillesauce

Aprikosenstrudel

1 Packung TK-Blätterteig (450 g)
2 große Dosen Aprikosen (à 420 g Abtropfgewicht)
100 g Amaretti (ital. Mandelkekse)
150 g gemahlene Mandeln
1 Päckchen Vanillezucker
2 EL Zitronensaft | 1 Ei
Mehl für die Arbeitsfläche | Fett fürs Blech

Für 8 Stücke | 10 Min. Zubereitung
15 Min. Auftauen | 35 Min. Backen
Pro Stück ca. 450 kcal, 8 g EW, 30 g F, 36 g KH

1 Backofen auf 200° vorheizen. Die Blätterteigplatten nebeneinander 15 Min. auftauen lassen. Inzwischen Aprikosen in ein Sieb abgießen, abtropfen lassen, die Fruchthälften halbieren. Amaretti in einen Gefrierbeutel geben, mit dem Nudelholz zerbröseln und mit den Mandeln mischen.

2 Teigplatten aufeinander legen, auf bemehlter Arbeitsfläche zu einem Rechteck von 35 cm x 45 cm ausrollen. Mandel-Keks-Brösel darauf vereilen, die Ränder aussparen. Aprikosen darauf legen, mit Vanillezucker bestreuen, mit Zitronensaft beträufeln.

3 Das Ei mit 2 EL Wasser verquirlen. Die Endseiten des Strudelteiges nach innen klappen, mit Ei bestreichen. Erst eine Längsseite über die Füllung klappen, am Rand mit etwas Ei bestreichen, dann die zweite Hälfte überklappen und andrücken.

4 Ein Backblech einfetten, den Strudel darauf heben und mit übrigem Ei bepinseln. Im Ofen (Mitte, Umluft 180°) in 30–35 Min. goldbraun backen. Schmeckt warm und kalt.

alteingesessener Wiener | kräftig

Mokka

Noch schwärzer als der »Schwarze« (s. S. 10). Wie der italienische Espresso ist Mokka Grundlage vieler Kaffeespezialiäten.

6 Messlöffel mittelfein gemahlener Kaffee (knapp 50 g, besonders gut Vienna Roast/Wiener Mischung) | Kaffeefilteraufsatz mit Filter

Für 4 Personen | 15 Min. Zubereitung
kalorienfrei

1 Mit 300 ml Wasser einen besonders starken Filterkaffee zubereiten. Siehe hierzu Anleitung »Schwarzer«, Seite 10.

2 Den Mokka gleichmäßig in Mokka- oder Espressotassen verteilen. Mit Zucker, Milch oder Sahne und einem kleinen Glas Wasser servieren.

VARIANTEN

Für eine Melange zusätzlich 500 ml Milch heiß werden lassen und aufschäumen. Den fertigen Mokka in große Tassen gießen und den Milchschaum darauf verteilen.

Wenn Ihnen der Mokka zu stark ist, stellen Sie ein Kännchen heißes Wasser mit auf den Tisch für einen Verlängerten. Mit einem Schuss Sahne heißt der Mokka Konsul. Und ein Häubchen Schlagsahne macht den Mokka zum Kapuziner.

UND DAZU: MOKKAMAKRONEN

Für ca. 50 Makronen 2 Eiweiße mit 1 Prise Salz steif schlagen, dann 150 g Zucker esslöffelweise unter Rühren zufügen. 150 g gemahlene Haselnüsse mit 1½ TL Mokkapulver und 1 TL Kakaopulver mischen und unterheben. Backofen auf 160° vorheizen. Ein Blech mit Backpapier auslegen. Darauf den Teig in walnussgroßen Häufchen mit dem Spritzbeutel aufspritzen. Im Backofen (Mitte, Umluft 140°) 15–20 Min. backen. Wer möchte, kann die abgekühlten Makronen mit geschmolzener Kuvertüre in Streifen überziehen.

cremig | gehaltvoll

Kaisermelange

10 Messlöffel mittelfein gemahlener Kaffee (knapp 50 g, besonders gut Vienna Roast/Wiener Mischung) | 80 ml Sahne | 4 Eigelbe | 3 EL Zucker | 40 ml Cognac | Kaffeefilteraufsatz mit Filter

Für 4 Personen | 15 Min. Zubereitung
Pro Portion ca. 195 kcal, 4 g EW, 12 g F, 12 g KH

1 Mit 500 ml Wasser einen besonders starken Filterkaffee zubereiten. Siehe hierzu Anleitung »Schwarzer«, Seite 10.

2 Die Sahne mit Eigelben und Zucker mit dem Schneebesen (von Hand oder mit dem Handrührgerät) schaumig rühren.

3 Die Ei-Sahne-Mischung auf vier Tassen verteilen. Kaffee mit dem Cognac mischen und gleichmäßig verteilt in die Tassen gießen und kurz verrühren.

mit viel »Schuss«

Kaffee Superb

6 Messlöffel mittelfein gemahlener Kaffee (knapp 50 g, besonders gut Vienna Roast/Wiener Mischung) | 100 g Sahne | 4 TL Zucker | 80 ml Cognac | 80 ml Kaffeelikör | Schokospäne zum Bestreuen | Kaffeefilteraufsatz mit Filter

Für 4 Personen | 15 Min. Zubereitung
Pro Portion ca. 180 kcal, 1 g EW, 8 g F, 13 g KH

1 Mit 400 ml Wasser einen besonders starken Filterkaffee zubereiten. Siehe hierzu Anleitung »Schwarzer«, Seite 10.

2 Die Sahne steif schlagen. Den gebrühten Kaffee mit dem Zucker, Cognac und Kaffeelikör mischen.

3 Kaffee in vier Stielgläser gießen, je 1 Klecks Sahne darauf verteilen. Mit Schokospänen bestreuen.

WIENER KAFFEE-KLASSIKER – MARIA THERESIA

Statt Cognac und Kaffeelikör 80 ml Orangenlikör mit dem Kaffee mischen, den Zucker weglassen.

kochend heiß, pechschwarz – perfetto!

Espresso

Er gilt in Italien fast schon als Inbegriff des Kaffees, weswegen man in der Bar denn auch ganz schlicht »un caffè« ordert. Sie bekommen ihn in unendlichen Variationen – aber bitte immer ohne Milch!

4 Messlöffel mittelfein gemahlenes Espresso-Kaffeepulver (25–30 g)
Zucker zum Servieren

Außerdem
Espressokanne (für 4 Portionen)

Für 4 Personen | 15 Min. Zubereitung
kalorienfrei

1 Die Espressokanne unten mit ca. 250 ml Wasser füllen, dabei darauf achten, dass das Ventil nicht bedeckt ist. Den Kaffeefilter mit dem Kaffeepulver füllen und nur ganz leicht andrücken (Bild 1). Kanne fest verschrauben.

2 Die Herdplatte auf höchster Stufe erhitzen. Espressokanne am besten mit offenem Deckel darauf stellen. So sieht man am besten, wenn der erste Schluck Espresso zischend aus dem Steigrohr quillt (Bild 2). Jetzt schnell den Deckel zuklappen. Sobald der ganze Espresso durchgelaufen ist, von der Kochstelle nehmen und mit einem Teelöffel durchrühren.

3 Den Espresso auf vier Espressotassen verteilen und servieren. Jeder süßt nach Belieben mit mehr oder weniger Zucker.

TIPP FÜR PERFEKTIONISTEN

Die Zubereitung in der kleinen Kanne geht zwar schnell und unkompliziert, die berühmte »Crema« obenauf gibt es aber nur bei der Herstellung des Espresso mit einer richtigen Espressomaschine. Da die Geräte von Hersteller zu Hersteller sehr variieren, sollten Sie sich beim Kauf unbedingt fachkundig beraten lassen.

VARIANTEN

Für die Kaffee-Order in Italien: »Ristretto« heißt ein besonders starker Espresso. Wer mehr möchte, ordert »doppio« – einen doppelten. Ein mit mehr Wasser verdünnter Espresso heißt »caffè lungo« oder »caffè americano«.

UND DAZU: PILZ-SCHINKEN-TRAMEZZINI

Für 4 Personen 40 g getrocknete Steinpilze in heißem Wasser 15 Min. quellen lassen. Inzwischen 150 g braune Champignons putzen, in Scheiben schneiden. 1 kleine Zwiebel schälen und würfeln. 1 EL Butter in einer Pfanne erhitzen, darin die Zwiebeln andünsten, Champignons zugeben, salzen, pfeffern. Unter Rühren bei mittlerer Hitze ca. 5–7 Min. braten bis fast alle Flüssigkeit verdunstet ist. Gegen Ende die Steinpilze abgießen, fein hacken, mit 2 EL gehackter Petersilie und nach Belieben 2 EL Weinbrand unterrühren. So lange weiterbraten, bis auch hier die Flüssigkeit verdampft ist. Pilze von der Kochstelle nehmen und abkühlen lassen, dann fein hacken und mit 4 EL Ricotta mischen. Mit Salz und Pfeffer abschmecken. Pilzmasse auf 4 Toast- oder Sandwichbrotscheiben streichen. 1–2 Scheiben gekochten Schinken darauf legen, obenauf jeweils ein paar Stängel Rucola. Je 1 Brotscheibe auflegen, leicht festdrücken, die Brote diagonal durchschneiden (Bild 3).

1

2

3

immer noch und gerne: Trenddrink

Latte Macchiato

Heißt »gefleckte Milch«, kommt aber erst gestreift daher: Könner gießen den Espresso über einen Löffelrücken in die Schaummilch, damit sich zwei Schichten ergeben. »Flecken« gibt's erst beim Umrühren …

4 Messlöffel mittelfein gemahlenes Espresso-Kaffeepulver (25–30 g) | 750 ml Milch (1,5 %) | 4 TL Zucker (nach Belieben) | 4 Löffel oder Trinkhalme zum Servieren

Für 4 Personen | 15 Min. Zubereitung
Pro Portion ca. 80 kcal, 4 g EW, 2 g F, 11 g KH

1 Aus Espressopulver und 250 ml Wasser einen Espresso nach Anleitung auf Seite 14 zubereiten.

2 Die Milch in einem Topf erhitzen, aber nicht kochen lassen. Von der Kochstelle nehmen, 1 Min. abkühlen lassen, anschließend mit dem Mixer, Miniquirl oder Milchaufschäumer gründlich aufschäumen.

3 Den Espresso nach Belieben mit Zucker süßen. Die Milch in vier Latte-Macchiato-Gläser gießen. Den Kaffee spiralförmig in die Milch eingießen. Latte Macchiato sofort mit Löffel oder Trinkhalm zum Umrühren servieren.

AROMA-VARIANTEN

Zusätzliches Aroma bringt Vanillezucker anstelle des normalen Zuckers. Oder Sie lassen den Zucker ganz weg und aromatisieren mit einem Sirup. Sirup gibt es in unterschiedlichsten Aromavarianten im Supermarkt oder Coffeeshop. Außerdem ist er ganz easy selber zu machen: Rezepte dafür finden Sie auf S. 58/59.

schaumig-cremige No. 1

Cappuccino

4 Messlöffel mittelfein gemahlenes Espresso-Kaffeepulver (25–30 g) | 200 ml Milch (1,5 %) | Kakaopulver zum Bestäuben | Zucker (nach Belieben)

Für 4 Personen | 15 Min. Zubereitung
Pro Portion ca. 20 kcal, 1 g EW, 1 g F, 2 g KH

1 Aus Espressopulver und 250 ml Wasser einen Espresso nach Anleitung auf Seite 14 zubereiten.

2 Die Milch in einem Topf erhitzen, aber nicht kochen lassen. Von der Kochstelle nehmen, 1 Min. abkühlen lassen, dann mit dem Mixer, Miniquirl oder Milchaufschäumer gründlich aufschäumen.

3 Den Espresso auf vier große Tassen verteilen. Die Milch gleichmäßig darauf gießen, dabei beim Gießen den Schaum mit einem Löffel zurückhalten. Den Schaum am Ende auf den Kaffee setzen und mit Kakaopulver überstäuben. Nach Belieben mit Zucker servieren.

schokoladig | belebend

Marocchino

4 Messlöffel mittelfein gemahlenes Espresso-Kaffeepulver (25–30 g) | 250 ml Milch (1,5 %) | 4 Stücke Zartbitterschokolade | 4 EL Kakaopulver | Zucker (nach Belieben)

Für 4 Personen | 15 Min. Zubereitung
Pro Portion ca. 70 kcal, 3 g EW, 3 g F, 7 g KH

1 Aus Espressopulver und 250 ml Wasser einen Espresso nach Anleitung auf Seite 14 zubereiten.

2 Die Milch in einem Topf erhitzen, aber nicht kochen lassen. Von der Kochstelle nehmen, 1 Min. abkühlen lassen, dann mit dem Mixer, Miniquirl oder Milchaufschäumer gründlich aufschäumen.

3 Je 1 Stück Schokolade in eine große Tasse legen. Espresso darauf gießen, mit Kakao bestäuben (ein wenig davon übrig lassen). Die Milch zügig in die Mitte des Kaffees gießen – sie soll sich nicht mit ihm vermischen. Den Marocchino mit dem übrigen Kakao bestäuben, nach Belieben mit Zucker süßen.

ganz einfach | Ur-Klassiker

Aufgebrühter

5 Messlöffel grob gemahlener Kaffee (ca. 40 g; am besten eine säurearme Sorte, d. h. Arabica-Kaffee)

Für 4 Personen | 10 Min. Zubereitung
kalorienfrei

1 Ca. 600 ml Wasser zum Kochen bringen. Zwischenzeitlich eine ausreichend große Kaffeekanne heiß ausspülen und das Kaffeepulver hineingeben.

2 Das kochende Wasser von der Kochstelle nehmen und ca. 30 Sek. abkühlen lassen, dann über das Kaffeepulver gießen. Umrühren, anschließend 4–7 Min. ziehen lassen, bis sich das Kaffeepulver abgesetzt hat.

3 Den Kaffee vorsichtig in die Tassen gießen, eventuell durch ein Sieb. Nach Wunsch mit Zucker, Milch oder Kaffeesahne servieren.

TIPP – BERGISCHE KAFFEETAFEL

Zur klassischen Bergischen Kaffeetafel gehören neben frisch gebrühtem Kaffee frisch gebackene Waffeln, Milchreis mit Zimt und Zucker, der dick auf Rosinenstuten gestrichen wird, oder – wer es herzhafter mag – Schwarzbrot mit Butter oder Quark, Honig, Apfel- oder Birnenkraut. Als kleine Verdauungshilfe nach so opulenter Kaffeerunde wird dann gerne ein selbst angesetzter Likör oder ein klarer Schnaps gereicht. Wohl bekomm's!

mal was Anderes ...

Kaffee-Waffeln

100 ml Milch
3 TL lösliches Kaffeepulver
50 g Butter | 3 Eier | 1 Prise Salz
125 g Magerquark
3 EL Amaretto (ital. Mandellikör)
7 EL Zucker | 180 g Mehl
1/4 TL Backpulver
Fett für das Waffeleisen
Puderzucker zum Bestäuben

Für 7 Stück | 45 Min. Zubereitung
35 Min. Backen | 5 Std. Kühlen
Pro Stück ca. 285 kcal, 9 g EW, 10 g F, 38 g KH

1 Milch erhitzen und das Kaffeepulver darin auflösen, abkühlen lassen. Butter in einem Pfännchen schmelzen und ebenfalls abkühlen lassen.

2 Die Eier trennen, Eiweiße mit Salz steif schlagen. Butter, Quark, Likör und Zucker schön cremig rühren, die Eigelbe nacheinander gut unterrühren.

3 Mehl und Backpulver mischen, zur Quarkmasse geben. Die Kaffeemilch nach und nach zugießen und unterrühren, den Eischnee unterheben.

4 Das Waffeleisen vorheizen, beide Seiten einfetten und gut 2–3 EL Teig hineingeben. Deckel zuklappen und den Teig goldbraun ausbacken. So nacheinander den Teig zu Waffeln backen. Fertige Waffeln lauwarm abkühlen lassen und vor dem Servieren mit Puderzucker bestäuben.

UND DAZU?

Ganz klassisch: Schlagsahne und heiße Kirschen. Oder Schlagsahne mit etwas Amaretto bzw. Kaffeelikör.

stark & süß

Türkischer Kaffee

Im Stielkännchen drei Mal brodeln lassen, heißt das Geheimnis...

4 TL Zucker
4 Messlöffel stark gerösteter, fein gemahlener Kaffee (ca. 20 g, Mokka)

Für 4 Personen | 15 Min. Zubereitung
Pro Portion ca. 20 kcal, 0 g EW, 0 g F, 5 g KH

1 Den Zucker mit 250 ml Wasser in das Cezve-Kännchen (s. Umschlagklappe hinten innen; die arabische Bezeichnung lautet übrigens »ibrik«) geben und gut verrühren.

2 Das Kaffeepulver einrühren und das Wasser auf der Kochstelle bei mittlerer Hitze zum Kochen bringen, dabei mit einem Löffel umrühren.

3 Sobald der Kaffee brodelnd aufkocht, das Kännchen von der Kochstelle nehmen und etwa ein Drittel des schaumigen Kaffees in vier Mokkagläser oder -tässchen gießen.

4 Das Kännchen wieder zurück auf die heiße Herdplatte stellen und den Kaffee ein zweites Mal aufkochen lassen, von der Kochstelle nehmen (diesmal aber keinen Kaffee mehr abgießen).

5 Den Kaffee noch ein drittes Mal aufkochen lassen, das Kännchen ganz vom Herd nehmen, das Kaffeepulver sich absetzen lassen und den Kaffee in die Tassen gießen. Heiß servieren.

üppiger Sattmacher

Gemüse-Fladenbrot

Flugs gemacht – selbst wenn Sie das Brot vor dem Belegen kurz im Ofen rösten.

300 g gegrillte, in Öl eingelegte Paprikaschoten (aus dem Glas)
1 Knoblauchzehe
150 g Schafkäse (Feta)
2–3 Peperoni (aus dem Glas)
Salz | Pfeffer
1 rote Zwiebel
150 g Salatgurke | 3 Tomaten
15 schwarze entsteinte Oliven
8 Salatblätter (Kopf- oder Römersalat)
1 türkisches Fladenbrot

Für 4 Personen | 20 Min. Zubereitung
Pro Portion ca. 375 kcal, 13 g EW, 16 g F, 39 g KH

1 Paprika in einem Sieb abtropfen lassen, dabei das Öl auffangen. Knoblauch schälen und hacken. Mit den Paprika im Mixer grob pürieren. Schafkäse mit einer Gabel zerdrücken, 1 Peperoni hacken, beides untermischen. Mit Salz und Pfeffer würzen.

2 Zwiebel schälen und in Ringe schneiden. Gurke und Tomaten waschen, putzen und in Scheiben schneiden. Oliven und übrige Peperoni in feine Ringe schneiden. Salat waschen und trocknen.

3 Das Fladenbrot vierteln, dann aufschneiden. Etwas Paprikaöl auf die Schnittflächen tröpfeln. Die unteren Seiten mit der Paprika-Käse-Creme bestreichen, dann die übrigen Zutaten bunt darauf verteilen, mit Salz und Pfeffer bestreuen. Die oberen Brothälften darauf klappen.

Kaffee international

Kaffee mit einem guten Schluck Hochprozentigem, das ist schon was Feines – und wird fast überall auf der Welt serviert: in Spanien, Irland … und auch in Amsterdam. Der hier typische Eierlikör ist normalerweise nicht ganz mein Fall, aber in der Kombi mit Kaffee und Orangensaft schmelze ich ebenso dahin wie der Karamell im Kaffee …

Holland-Drive

Für das Karamellgitter
4 EL Zucker
Für den Kaffee
100 g Sahne
1 TL Puderzucker
150 ml heißer starker Kaffee
120 ml Eierlikör
80 ml frisch gepresster Orangensaft

Für 2 Personen | 15 Min. Zubereitung
Pro Portion ca. 460 kcal, 1 g EW, 19 g F, 37 g KH

1 Für das Karamellgitter ein Stück Backpapier auf der Arbeitsfläche ausbreiten. Den Zucker in einem kleinen Topf bei mittlerer Hitze schmelzen und unter Rühren goldgelb karamellisieren lassen. Den Topf von der Kochstelle nehmen und den Karamell mit einem kleinen Löffel gitterförmig so auf das Backpapier träufeln, dass zwei lange Rechtecke entstehen. Die Karamellgitter abkühlen lassen.

2 Inzwischen die Sahne mit dem Puderzucker steif schlagen und kalt stellen. Den Kaffee, den Eierlikör und den Orangensaft in einem Topf verrühren und erhitzen (aber nicht aufkochen).

3 Die Kaffee-Likör-Mischung auf zwei hohe Gläser verteilen. Die Sahne darauf geben. Die Karamellgitter seitlich ins Glas stecken und den Holland-Drive sofort servieren.

SCHNELLE VARIANTE
Wenn Ihnen der Aufwand mit den Karamellgittern zu groß ist: Träufeln Sie den karamellisierten Zucker direkt auf die Sahne. Er wird sofort hart, sinkt dann ein, schmilzt im heißen Kaffee und macht ihn schön süß.

mandelsanfte Urlaubsliebe

Mallorca-Kaffee

150 g Sahne
80 ml Mandelsirup (Orgeat)
4 TL gemahlene Mandeln
600 ml heißer starker Kaffee
120 ml süßer Sherry (»Cream«)
40 ml Orangenblütenwasser (aus Apotheke oder Orientladen)
gemahlene getrocknete Orangenschale zum Bestreuen

Für 4 Personen | 10 Min. Zubereitung
Pro Portion ca. 225 kcal, 1 g EW, 12 g F, 21 g KH

1 Die Sahne mit der Hälfte des Mandelsirups steif schlagen. Dann die gemahlenen Mandeln vorsichtig unterziehen.

2 Den Kaffee mit dem Sherry, dem Orangenblütenwasser und dem restlichen Mandelsirup verrühren und auf vier hohe Gläser oder Becher verteilen.

3 Die Sahne darauf verteilen und mit gemahlener getrockneter Orangenschale bestreuen. Den Kaffee sofort servieren.

TIPP – EINFACH TAUSCHEN

Wenn Sie das kräftige Aroma von Orangenblütenwasser nicht mögen oder keines bekommen können, nehmen Sie stattdessen 40 ml frisch gepressten Orangensaft.

macht richtig satt

Bocadillo mit Tortilla

2 grüne Paprikaschoten
1 Zwiebel
10 mit Paprika gefüllte Oliven
2 Zweige frischer Thymian
4 EL Olivenöl
Salz | Pfeffer
8 Eier
4 Baguettebrötchen
150 g Chorizo in Scheiben (spanische Knoblauchwurst)

Für 4 Personen | 50 Min. Zubereitung
Pro Portion ca. 630 kcal, 29 g EW, 41 g F, 36 g KH

1 Paprikaschoten halbieren, putzen, waschen und fein würfeln. Zwiebel schälen und fein würfeln. Oliven in Scheibchen schneiden. Thymian waschen, trocknen, Blättchen abzupfen und hacken.

2 In einer Pfanne 2 EL Öl erhitzen, darin die Zwiebeln andünsten. Paprikawürfel und Thymian zugeben, salzen und pfeffern und ca. 5 Min. bei mittlerer Hitze braten, von der Kochstelle nehmen.

3 Eier gut verquirlen, salzen und pfeffern. Paprika und Oliven zugeben. Übriges Öl in einer Pfanne erhitzen, die Eiermasse hineingießen. Bei schwacher Hitze in 15–20 Min. stocken lassen. Mit Hilfe eines Tellers wenden, weitere 5 Min. backen. Von der Kochstelle nehmen, etwas abkühlen lassen.

4 Die Brötchen halbieren. Tortilla achteln und auf den unteren Brötchenhälften verteilen. Chorizo darauf verteilen, die oberen Brötchenhälften darauf klappen und servieren.

Milchkaffee »português« de luxe

Galão »Lisboa«

120 g Sahne
2 TL gemahlener Safran
1 Bio-Zitrone
1 Vanilleschote
800 ml Milch (1,5 %)
100 g Zucker
300 ml heißer Espresso

Für 4 Personen | 15 Min. Zubereitung
Pro Portion ca. 255 kcal, 5 g EW, 12 g F, 33 g KH

1 Die Sahne mit dem Safran steif schlagen und kalt stellen.

2 Die Zitrone heiß waschen und trockenreiben. Die Schale mit einem Sparschäler abschälen und in einen Topf geben. Die Vanilleschote längs aufschlitzen und das Mark mit einem spitzen Messer herauskratzen. Schote und Mark mit der Milch zur Zitronenschale geben und alles erhitzen (jedoch nicht aufkochen).

3 Die Zitronenschale und die Vanilleschote aus der Milch fischen. Den Zucker einrühren, bis er sich aufgelöst hat. Den Espresso in die Milch gießen und alles mit den Quirlen des Handrührgeräts kräftig aufschäumen.

4 Die Espresso-Milch-Mischung auf vier hohe Bechergläser verteilen und die Safransahne darauf geben.

TIPP – EINFACH TAUSCHEN

Statt mit dem Vanillemark können Sie die Milch auch mit 120 ml Vanillesirup aromatisieren – den Zucker dann weglassen.

Knabberspaß auf portugiesische Art

Knusper-Teigscherben

1 Ei (Größe L)
1 Prise Salz
300 g Mehl
100 ml trockener Weißwein
100 g weiche Butter
1 TL Olivenöl
200 g Zucker
2–3 TL Zimtpulver
Mehl für die Arbeitsfläche
1,5 l neutrales Pflanzenöl zum Frittieren

Für 30–35 Stück | 40 Min. Zubereitung
Bei 35 pro Stück ca. 95 kcal, 1 g EW, 5 g F, 12 g KH

1 Das Ei und das Salz mit den Quirlen des Handrührgeräts schaumig schlagen.

2 Das Mehl, den Weißwein, die Butter in kleinen Stücken und das Olivenöl dazugeben und alles mit den Knethaken des Handrührgeräts zu einem zähen, noch leicht klebrigen Teig verkneten.

3 Den Teig auf der bemehlten Arbeitsfläche 1–2 mm dünn zu einem ca. 50 x 30 cm großen Rechteck ausrollen. Mit einem scharfen Messer in 30–35 Rechtecke schneiden. Jedes Rechteck zwei Mal längs einschlitzen.

4 Das Öl in einem großen Topf erhitzen. Es ist heiß genug, wenn an einem hineingehaltenen Holzlöffelstiel Bläschen aufsteigen. Jeweils 3 Teigstücke ins heiße Öl gleiten lassen und in 2–3 Min. goldbraun frittieren, dabei einmal wenden. Herausnehmen und auf Küchenpapier entfetten. Den Zucker und den Zimt mischen. Die Teigscherben darin wenden. Möglichst frisch servieren.

süüüßer Italienimport

Nocciola

20 ml Haselnusslikör
2 TL Haselnuss-Sirup
300 ml Milch (1,5 %)
2 EL Nuss-Nougat-Creme
160 ml heißer Espresso
Cocktailkirschen zum Garnieren

Für 4 Personen | 10 Min. Zubereitung
Pro Portion ca. 105 kcal, 3 g EW, 5 g F, 13 g KH

1 Den Haselnusslikör und -sirup auf vier Cocktailschalen verteilen.

2 Die Milch in einem Topf erhitzen (aber nicht aufkochen) und die Nuss-Nougat-Creme darin unter Rühren auflösen. Die Milch mit den Quirlen des Handrührgeräts kräftig aufschäumen.

3 Den Espresso auf die Cocktailschalen verteilen und die schaumige Nuss-Nougat-Milch darauf gießen. Die Schalen mit den Cocktailkirschen garnieren und sofort servieren.

TIPP – EINFACH TAUSCHEN

Sie können den Haselnusslikör jederzeit weglassen. Geben Sie dann einfach statt ½ TL Haselnuss-Sirup 1 TL in jede Cocktailschale. Und wenn Sie zwar den Likör im Haus haben, aber keinen Haselnuss-Sirup, nehmen Sie zum Süßen einfach 2 TL flüssigen Blütenhonig oder Agavendicksaft.

Capri-zitrus-frisch – aber erst ab 18

Zitronen-Tiramisu

3 Bio-Zitronen | 4 Eier | 1 Prise Salz
100 g Puderzucker
100 g Mehl | 1 gestr. EL Speisestärke
15 EL Limoncello (ital. Zitronenlikör)
4 Eigelbe | 5 EL Zucker
1 Päckchen Vanillezucker
200 g Mascarpone
3 EL gehackte Pistazien (nach Belieben)
Butter und Mehl für die Form

Für 1 Springform von 18 x 18 cm (8 Stücke)
30 Min. Zubereitung
40 Min. Backen | 5 Std. Kühlen
Pro Portion ca. 395 kcal, 8 g EW, 19 g F, 44 g KH

1 Ofen auf 180° vorheizen. 1 Zitrone heiß waschen, Schale abreiben. Eier trennen. Eiweiße mit Salz steif schlagen, den Puderzucker nach und nach zugeben. 4 Eigelbe nacheinander unterziehen. Mehl, Stärke und Zitronenschale mischen, unterheben.

2 Die Form fetten, mit Mehl bestäuben. Teig darin glatt verstreichen und im Ofen (Mitte, Umluft 160°) in 35–40 Min. goldgelb backen. Abkühlen lassen.

3 Kuchen quer durchschneiden, Schnittflächen mit 10 EL Limoncello tränken. Übrige Zitronen heiß waschen, Schale abreiben, Saft auspressen. Eigelbe, Zucker, Vanillezucker und Zitrusschale mit den Rührbesen des Rührgeräts cremig weiß rühren. Mascarpone esslöffelweise unterrühren, dabei löffelweise Zitronensaft und übrigen Limoncello zugeben.

4 Ein Drittel der Creme auf den unteren Boden streichen, oberen Boden aufsetzen, mit der übrigen Creme bestreichen. 3 Std. kühl stellen. Vor dem Servieren nach Belieben mit Pistazien bestreuen.

heiß geliebter Klassiker

Rüdesheimer Kaffee

50 g Sahne | 1 EL Vanillezucker | 6 Stück Würfelzucker | 60–80 ml Weinbrand | 300 ml heißer Kaffee | 2 TL Schokoladenspäne

Für 2 Personen | 15 Min. Zubereitung
Pro Portion ca. 225 kcal, 1 g EW, 9 g F, 17 g KH

1 Die Sahne mit dem Vanillezucker steif schlagen und kalt stellen. Je 3 Stück Würfelzucker auf zwei Becher für Rüdesheimer Kaffee oder andere hohe Becher verteilen.

2 Den Weinbrand in einem kleinen Topf erhitzen (nicht aufkochen), über den Zucker gießen und mit einem Streichholz anzünden. Wenn die Flamme erloschen ist, vorsichtig den Kaffee darauf gießen.

3 Die Sahne auf dem Kaffee verteilen und mit den Schokospänen bestreuen. Sofort servieren.

Rum unter der Haube

Pharisäer

50 g Sahne | 60 ml brauner Rum | 4 Stück Würfelzucker | 250 ml heißer starker Kaffee

Für 2 Personen | 15 Min. Zubereitung
Pro Portion ca. 160 kcal, 1 g EW, 8 g F, 6 g KH

1 Zwei Tassen oder Gläser zum Vorwärmen mit heißem Wasser füllen. Die Sahne steif schlagen und kalt stellen. Den Rum in einem kleinen Topf leicht erwärmen.

2 Das Wasser aus den Tassen gießen. Jeweils 2 Stück Würfelzucker in die Tassen geben. Den Kaffee darüber gießen, dann den Rum. Die Sahne darauf verteilen und sofort servieren.

von der grünen Insel

Irish Coffee

75 g Sahne | 4 TL brauner Rohrohrzucker | 80 ml irischer Whiskey | 400 ml heißer starker Kaffee | 1 TL Kakaopulver

Für 2 Personen | 10 Min. Zubereitung
Pro Portion ca. 245 kcal, 1 g EW, 12 g F, 11 g KH

1 Zwei Irish-Coffee-Gläser oder hohe Bechergläser zum Vorwärmen mit heißem Wasser füllen. Die Sahne nur so steif schlagen, dass sie noch weich fließend ist, kalt stellen.

2 Wasser aus den Gläsern gießen. Zucker, Whisky und Kaffee hineingeben, verrühren, bis der Zucker aufgelöst ist. Die Sahne über einen Löffelrücken zugießen, damit sie sich nicht mit dem Kaffee vermischt. Mit Kakaopulver bestreut sofort servieren.

TIPP – EINFACH TAUSCHEN

Für diesen Irland-Klassiker muss es schon ein echter irischer, mild-würziger Whiskey sein. Wenn Ihnen der zu teuer ist, leistet ein spanischer Brandy Ersatz.

heiße Flamme aus Frankreich

Café brulôt

40 ml Cognac (ersatzweise Weinbrand) | 4 TL Zucker | 1 Zimtstange | 2 Gewürznelken | Schale von je ½ Bio-Orange und Bio-Zitrone | 250 ml heißer starker Kaffee

Für 2 Personen | 10 Min. Zubereitung
Pro Portion ca. 85 kcal, 0 g EW, 0 g F, 10 g KH

1 Cognac, Zucker, die Gewürze und die Orangen- und Zitronenschale in einem Topf erhitzen (nicht aufkochen), bis sich der Zucker aufgelöst hat.

2 Den Topf von der Kochstelle nehmen und die Mischung mit einem Streichholz anzünden. Wenn die Flamme zu erlöschen beginnt, nach und nach den Kaffee vorsichtig zugießen. Einmal umrühren. Die Kaffeemischung durch ein feines Sieb in zwei Tassen gießen und sofort servieren.

VARIANTE

Für einen würzig-beschwipsten Russischen Kaffee nehmen Sie statt Cognac einfach Wodka.

für sibirisch-kalte Nächte

Kosakenkaffee

400 ml guter trockener Rotwein
80 ml Wodka
6 EL Krümelkandis
2 Beutel Glühweingewürz (z. B. Glühfix)
400 ml heißer Kaffee
4 lange Zimtstangen

Für 4 Personen | 20 Min. Zubereitung
Pro Portion ca. 180 kcal, 0 g EW, 0 g F, 18 g KH

1 Rotwein, Wodka und den Krümelkandis in einen Topf geben und bei mittlerer Hitze unter Rühren erhitzen (nicht aufkochen), bis sich der Kandis aufgelöst hat.

2 Die Glühweingewürz-Beutel in den Topf hängen, die Temperatur auf schwächste Hitze zurückschalten und den Wein zugedeckt ca. 10 Min. ziehen lassen – er sollte auch jetzt nicht kochen.

3 Glühweingewürz-Beutel entfernen und den Kaffee zum Wein gießen. In vier Becher je eine Zimtstange stellen, mit Kosakenkaffee auffüllen und sofort servieren.

GENIESSER-TIPP

Am besten schmeckt diese wein-würzige Kreation mit Kaffee aus hochwertigen, säurearmen Arabica-Bohnen.

CREMIGE VARIANTE

Sie sind vom Typ »Aber bitte mit Sahne«? Dann schlagen Sie zusätzlich 100 g Sahne steif, und ziehen Sie sie vorsichtig unter die Wein-Kaffee-Mischung.

warmer Snack aus Russland

Quark-Piroschki

75 ml Milch + 1 EL zum Bestreichen
30 g frische Hefe (ca. ¾ Würfel) | 1½ TL Zucker
60 g Butter | 300 g Mehl | Salz | 4 Eier
2 Bund Schnittlauch | 450 g Magerquark
Pfeffer | ¼ TL gemahlener Kümmel
Mehl zum Verarbeiten

Für 4 Personen | 1 Std. 20 Min. Zubereitung
1 Std. 15 Min. Ruhen | 20 Min. Backen
Pro Portion ca. 560 kcal, 32 g EW, 21 g F, 61 g KH

1 Milch mit 75 ml Wasser lauwarm erwärmen. Hefe zerbröckeln, mit ½ TL Zucker darin verrühren. Butter schmelzen, lauwarm abkühlen lassen. Mehl mit 1 TL Salz mischen, die Hefelösung, 1 Ei und die Butter unterrühren. Alles zu einem geschmeidigen Teig kneten. Zugedeckt 30 Min. gehen lassen.

2 Schnittlauch waschen, trocknen und in Röllchen schneiden. Mit 2 Eiern, Quark und 1 TL Zucker verrühren, mit Salz, Pfeffer und Kümmel würzen. Den Teig auf bemehlter Arbeitsfläche ca. 5 mm dick ausrollen. 20 Kreise à ca. 12 cm Ø ausstechen.

3 Übriges Ei trennen. Rand der Teigkreise mit verquirltem Eigelb dünn bestreichen, in die Mitte 1 EL Quarkmasse geben. Teig zum Halbkreis falten. Mit den Fingern, dann mit den Zinken einer Gabel festdrücken. Piroschki auf zwei mit Backpapier belegte Bleche legen. Zugedeckt 45 Min. gehen lassen. Eiweiß mit übrigem Eigelb und 1 EL Milch verrühren.

4 Backofen auf 180° vorheizen. Täschchen mit der Ei-Milch-Mischung bestreichen und nacheinander im Ofen (Mitte, Umluft 160°) in 20 Min. goldgelb backen. Lauwarm servieren.

schön »hot« mit Chili

Kaffee »Viva Mexico!«

1 frische rote Chilischote
½ Bio-Orange
2 Zimtstangen
8 TL brauner Rohrohzucker
40 ml brauner Tequila
400 ml heißer starker Kaffee
800 ml Milch (1,5 %)

Außerdem

4 Löffel oder Trinkhalme zum Servieren

Für 4 Personen | 25 Min. Zubereitung
Pro Portion ca. 125 kcal, 5 g EW, 2 g F, 17 g KH

1 Die Chilischote waschen, trockenreiben und mit einem scharfen Messer längs drei Mal einritzen. Die Orange heiß waschen, trockenreiben und die Schale mit einem Sparschäler dünn abschälen.

2 Chili und Orangenschale mit der Zimtstange, dem Zucker, dem Tequila und dem Kaffee in einen Topf geben. Einmal aufkochen und dann offen bei mittlerer Hitze in ca. 15 Min. auf die Hälfte einkochen lassen.

3 Milch in einen Topf geben und erhitzen (nicht aufkochen). Mit den Quirlen des Handrührgeräts kräftig schaumig schlagen.

4 Die Milch in vier hohe Gläser gießen. Die Kaffeereduktion spiralförmig in die Milch eingießen. Sofort mit Löffeln oder Trinkhalmen zum Umrühren servieren.

HEISSER TIPP

Wer mag, bestreut den Mexiko-Kaffee vor dem Servieren noch mit je 1 Prise Chilipulver. Schokofans nehmen je ½ TL Schokospäne.

cremig-würzig aufgerollt

Avocado-Puten-Wraps

1 reife weiche Avocado
3 EL saure Sahne
1 EL Limettensaft
¼ TL gemahlener Kreuzkümmel
2 Frühlingszwiebeln
Salz | Pfeffer
3 Tomaten
8 Blätter Eisbergsalat
100 g Gouda (am Stück)
150 g Putenbrustaufschnitt
4 Weizentortillas (Wraps, Fertigprodukt)

Für 4 Personen | 25 Min. Zubereitung
Pro Portion ca. 375 kcal, 17 g EW, 24 g F, 21 g KH

1 Die Avocado halbieren, Kern entfernen. Das Fleisch herauslösen und mit einer Gabel zerdrücken. Mit saurer Sahne, Limettensaft und Kreuzkümmel mischen. Frühlingszwiebeln waschen, putzen, in feine Röllchen schneiden und unter die Creme heben. Mit Salz und Pfeffer kräftig würzen.

2 Tomaten waschen und würfeln, dabei den Stielansatz entfernen. Salat waschen, trocknen und in Streifen schneiden. Den Käse grob reiben, die Putenbrustscheiben in breite Streifen schneiden.

3 Tortillas nach Anleitung aufbacken, abkühlen lassen. Die Avocadocreme darauf verteilen und glatt streichen. Mit den übrigen vorbereiteten Zutaten belegen, kräftig mit Pfeffer übermahlen. Die Wraps aufrollen und schräg halbiert servieren.

HEISSER TIPP

Mehr Schärfe? Na dann: Einfach etwas scharfe Tomatensalsa (Fertigprodukt) über den Belag träufeln.

exotisch-würzig

Indischer Masala-Kaffee

500 ml Milch
5 EL brauner Zucker
6 grüne Kardamomkapseln
1 Zimtstange
4 EL grob gemahlener Kaffee

Für 4 Personen | 10 Min. Zubereitung
Pro Portion ca. 155 kcal, 4 g EW, 4 g F, 25 g KH

1 Die Milch mit 250 ml Wasser und dem Zucker in einen Topf geben. Die Kardamomsamen aufschneiden, die inneren, schwarzen Körner anquetschen (im Mörser oder mit einem Löffel auf einem Brett).

2 Kardamomsamen mit dem Zimt in die Milchmischung geben. Diese langsam aufkochen, dann 3 Min. bei mittlerer Hitze leise kochen lassen.

3 Das Kaffeepulver in den Topf geben und ca. 3 Min. bei kleiner Hitze leise kochen lassen. Den Kaffee durch ein feines Sieb abgießen und in vier Gläser verteilen.

4 Ein leeres Trinkglas nehmen und mit dessen Hilfe den Inhalt jedes gefüllten Glases jeweils zwei bis drei Mal aus großer Höhe hin und herschütten, damit der Kaffee richtig schäumt. Oder mit dem Milchaufschäumer quirlen. Heiß servieren.

TIPP – DIE RICHTIGE MISCHUNG

»Masala« bedeutet nichts anderes als Mischung und wird in Indien für die unterschiedlichsten Gewürzmischungen verwendet. Ersetzen Sie daher die Hälfte Kardamom doch einfach einmal durch 3 Gewürznelken.

ungewöhnlich | Ayurveda-Rezept

Gewürz-Grießschnitten

4 EL Milch | 2 Msp. gemahlener Safran
60 g Cashewnusskerne
2 EL Butterschmalz | 3 EL Rosinen
60 g Butter | 200 g Weizengrieß
150 g Zucker | ½ TL gemahlener Kardamom
Öl für die Form

Für 4 Personen
30 Min. Zubereitung | 2 Std. Kühlen
Pro Portion ca. 605 kcal, 9 g EW, 24 g F, 89 g KH

1 Die Milch erhitzen und den Safran darin einrühren. Cashewnüsse sehr grob hacken. Butterschmalz in einer Pfanne erhitzen, darin Nüsse und Rosinen unter Rühren ca. 2 Min. braten, bis die Nüsse leicht bräunen. Herausnehmen.

2 Die Butter in einem Topf schmelzen, Grieß zugeben und bei kleiner Hitze unter häufigem Rühren ca. 10 Min. braten, bis er leicht bräunt und duftet. Unter Rühren nach und nach 300 ml Wasser einrühren, Safranmilch, Zucker und Kardamom unterrühren. Ca. 5 Min. unter Rühren braten, bis ein fester Kloß entsteht.

3 Nüsse und Rosinen unterrühren. Eine quadratische Form mit Öl auspinseln. Grießbrei darin glatt verstreichen. Abkühlen lassen, dann mit Folie abgedeckt 2 Std. im Kühlschrank durchkühlen lassen. Zum Servieren stürzen und in kleine Quadrate oder Rauten schneiden.

UND DAZU?

Wer möchte, serviert die Grießschnitten mit frischen Obststücken, beispielsweise von Papaya oder Ananas oder mit frischen Erdbeeren.

im Orientstyle | gehaltvoll

Gewürz-Kaffee »Bananasahna«

2 Bananen | 200 g Sahne
200 ml Milch (1,5 %)
6 TL brauner Rohrohrzucker
je ½ TL Zimtpulver, gemahlener Kardamom und gemahlene Gewürznelken
300 ml heißer Türkischer Kaffee (s. S. 21)
Zucker zum Süßen (nach Belieben)

Außerdem

4 lange Löffel zum Servieren

Für 4 Personen | 15 Min. Zubereitung
Pro Portion ca. 240 kcal, 3 g EW, 17 g F, 22 g KH

1 Die Bananen schälen, in Scheiben schneiden und in einen Topf geben. Die Sahne und die Milch dazugießen und alles einmal aufkochen. Zugedeckt bei schwacher Hitze ca. 7 Min. leise kochen lassen.

2 Den Topf von der Kochstelle nehmen, den Zucker und die Gewürze in die Bananen-Sahne-Milch rühren. Alles mit dem Pürierstab fein pürieren.

3 Die Bananensahne auf vier hohe Bechergläser verteilen. Den Türkischen Kaffee nach Belieben mit Zucker süßen und so vorsichtig auf die Bananensahne gießen, dass sich zwei voneinander getrennte Schichten ergeben. Mit den Löffeln sofort servieren und vor dem Trinken gut durchrühren.

TIPP – EINFACH TAUSCHEN

Wenn Sie in der Mokka-Zubereitung nicht so geübt sind oder einfach keine Zeit zum Drei-Mal-Aufkochen haben: Mit der gleichen Menge Espresso schmeckt der Bananen-Gewürz-Kaffee genauso gut!

fruchtig, nussig, knusperzart

Orangen-Nuss-Röllchen

2 große Orangen
250 g gemahlene Mandeln
250 g gemahlene Haselnüsse
8 EL Honig | 1 TL Zimtpulver
4 EL Orangenblütenwasser
2 Bögen runder Yufka-Teig (ca. 250 g)
120 g Butter
Puderzucker zum Bestäuben

Für 24 Stück
40 Min. Zubereitung | 25 Min. Backen
Pro Stück ca. 220 kcal, 4 g EW, 17 g F, 13 g KH

1 1 Orange schälen, in die Segmente zerteilen und diese in kleine Stücke schneiden, dabei den Saft auffangen. Die übrige Orange auspressen. Den Saft mit Nüssen, Honig, Zimt und Orangenblütenwasser mischen, Orangenstücke vorsichtig unterheben.

2 Die Teigbögen vierteln, jedes wie eine Torte dritteln. Die Butter in einem Pfännchen zerlassen, dann den Teig damit bestreichen (etwas übrig lassen). Backofen auf 200° vorheizen. Ein Backblech mit Backpapier auslegen. Die Orangen-Nuss-Masse in 24 Portionen teilen. Jeweils 1 Portion auf das breite Ende von einem Teigdreieck verteilen, Teig darüber rollen, die Seiten darüber einschlagen und zur Spitze hin fertig aufrollen.

3 Die Röllchen mit der übrigen Butter bestreichen, auf das Blech legen. Im Ofen (Mitte, Umluft 180°) in 20–25 Min. goldbraun backen, dabei einmal wenden. Die Orangen-Nuss-Röllchen abkühlen lassen und mit Puderzucker überstäuben.

feinherb-süß | frisch aus Kanada

Mounty-Kaffee

100 g frische Cranberries
600 ml heißer starker Kaffee
120 ml Ahornsirup + Ahornsirup zum Nachsüßen (nach Belieben)
200 g Sahne
3–4 Prisen gemahlene Gewürznelken

Für 4 Personen | 20 Min. Zubereitung
Pro Portion ca. 270 kcal, 1 g EW, 16 g F, 32 g KH

1 Die Cranberries kalt abspülen und trockentupfen. Den Kaffee in einen Topf geben und einmal aufkochen. Cranberries und den Ahornsirup dazugeben und alles zugedeckt bei mittlerer Hitze ca. 10 Min. leise kochen lassen.

2 Inzwischen die Sahne mit den gemahlenen Gewürznelken steif schlagen und kalt stellen.

3 Die Cranberries im Kaffee mit dem Pürierstab gründlich fein pürieren. Die Mischung nach Belieben mit Ahornsirup nachsüßen. Den Kaffee auf vier hohe Gläser oder Becher verteilen. Die Nelkensahne darauf geben und sofort servieren.

TIPP – EINFACH TAUSCHEN

Sie bekommen keine frischen Cranberries? Machen Sie Ihren Kaffee doch mit selbst gemachtem Cranberry-Sirup zum Mounty! Für ca. 200 ml Sirup 250 ml Cranberry-Fruchtsaftgetränk (gibt's im Getränkeregal gut sortierter Supermärkte) mit 100 g braunem Rohrohrzucker in einen Topf geben und einmal aufkochen. Dann offen bei mittlerer Hitze in ca. 10 Min. sirupartig einkochen lassen. Von der Kochstelle nehmen und abkühlen lassen. Den heißen Kaffee nach Belieben mit dem Sirup süßen und wie oben beschrieben mit Nelkensahne krönen.

herzhaft-fruchtig

Alaska-Lachs-Bagel

1/3 Bund Schnittlauch
150 g Doppelrahmfrischkäse
50 g saure Sahne
1 EL Zitronensaft
1 TL Meerrettich (aus dem Glas)
Salz | Pfeffer
4 EL Preiselbeerkompott (aus dem Glas)
4 Bagelbrötchen
250 g geräucherter Lachs in Scheiben
1/2 Bund Rucola (nach Belieben)

Für 4 Personen | 20 Min. Zubereitung
Pro Portion ca. 535 kcal, 28 g EW, 25 g F, 49 g KH

1 Den Schnittlauch waschen, trockenschütteln und in feine Röllchen schneiden. Frischkäse, saure Sahne, Zitronensaft und Meerrettich gut verrühren, mit Salz und Pfeffer würzen und die Preiselbeeren und den Schnittlauch unterheben.

2 Die Bagelbrötchen halbieren, untere Hälften mit der Preiselbeer-Creme bestreichen. Den Lachs gleichmäßig darauf verteilen. Den Rucola waschen, trocknen, die harten Stiele entfernen. Blättchen auf den Lachs legen, obere Bagelhälfte darauf klappen und das Brötchen servieren.

TIPP – EINFACH TAUSCHEN

Statt Preiselbeeren können Sie auch 50 g gehackte, getrocknete Cranberries unter den Frischkäse mischen. Und anstelle von Rucola schmeckt auch 1 reife, in Scheiben geschnittene Avocado supergut.

zuckersüßer Ofenschlüpfer

Crème-Caramel-Café

80 g Zucker
200 g Sahne | 2 Eigelbe
400 ml heißer starker Kaffee

Für 4 Personen | 30 Min. Zubereitung
Pro Portion ca. 270 kcal, 3 g EW, 19 g F, 22 g KH

1 Zucker in einem kleinen Topf bei mittlerer Hitze schmelzen und goldbraun karamellisieren lassen. Mit 120 ml Wasser vorsichtig ablöschen (Achtung spritzt!). Den Karamell vom Topfboden loskochen, dann offen bei schwacher Hitze ca. 10 Min. leise kochen lassen. Von der Kochstelle nehmen.

2 100 g Sahne steif schlagen, kalt stellen. Den Backofen auf 225° vorheizen. Für ein Wasserbad Wasser in einem weiten Topf aufkochen, Topf von der Kochstelle nehmen.

3 Restliche Sahne einmal aufkochen, in eine in den Wasserbad-Topf passende Metallschüssel füllen. Mit den Eigelben schaumig rühren. Die Masse über dem heißen Wasserbad mit den Quirlen des Handrührgeräts rühren, bis sie dicklich wird. Aus dem Wasserbad nehmen, die Hälfte des Karamellsirups einrühren. Steife Sahne vorsichtig unterziehen.

4 Kaffee und restlichen Sirup verrühren. Auf vier französische Kaffeeschalen (»Bols«, s. S. 64) verteilen. Die Eiercreme darauf geben. Im heißen Ofen (Mitte; Umluft nicht geeignet) 3–4 Min. überbacken.

BLITZVARIANTE

Für eilige Karamell-Fans: Kaffee mit 300 ml heißer Milch verrühren und mit Karamellsirup süßen. In hohe Gläser geben, geschlagene Sahne darauf verteilen und mit Karamellsirup beträufeln.

super Dessertkuchen

Mousse-au-chocolat-Tarte

80 g gemahlene Haselnüsse
170 g Mehl | 1 Prise Salz
¼ TL Zimtpulver | 90 g Zucker
120 g Butter | 3 Eier
280 g Sahne | 70 ml Milch
1 TL lösliches Kaffeepulver
200 g Zartbitterschokolade (70 % Kakao)
Fett für die Form | Mehl zum Ausrollen
Hülsenfrüchte zum Blindbacken

Für 1 Springform von 26 cm Ø (16 Stücke)
30 Min. Zubereitung
40 Min. Backen | 5 Std. Kühlen
Pro Stück ca. 285 kcal, 4 g EW, 20 g F, 21 g KH

1 Nüsse in einer Pfanne ohne Fett hellbraun rösten. Abkühlen lassen. Mit Mehl, Salz, Zimt und 50 g Zucker mischen. Butter in Flöckchen darauf geben und mit 1 Ei mit einem Messer unterhacken. Zügig zum Teig verkneten. In Folie gewickelt 1 Std. im Kühlschrank ruhen lassen.

2 Ofen auf 175° vorheizen, Form fetten. Den Teig auf bemehlter Arbeitsfläche ausrollen, in die Form legen, Rand zurechtschneiden. Backpapier darauf legen und Hülsenfrüchte darauf geben. Den Kuchen im Ofen (Mitte, Umluft 160°) ca. 20 Min. vorbacken.

3 Inzwischen Sahne und Milch mit übrigem Zucker und Kaffeepulver aufkochen. Schokolade hacken und darin auflösen. Etwas abkühlen lassen. Übrige Eier verquirlen und gut unterrühren. Kuchen aus dem Ofen nehmen, Temperatur auf 150° (Umluft 140°) reduzieren. Papier und Hülsenfrüchte entfernen. Schokomasse auf den Teig geben, den Kuchen in ca. 25 Min. fertig backen. Abkühlen lassen.

aromatisch und nicht so süß

Nordlicht

300 ml Milch (1,5 %) | 2 Schalenstücke (ca. 3 cm) von 1 Bio-Zitrone | 2 Eigelbe | 2 EL Puderzucker | 150 ml heißer starker Kaffee | 60 ml naturtrüber Apfelsaft | 20 ml Aquavit | Zimtpulver zum Bestreuen

Für 2 Personen | 15 Min. Zubereitung
Pro Portion ca. 220 kcal, 7 g EW, 8 g F, 24 g KH

1 Die Milch mit der Zitronenschale in einem Topf erhitzen (nicht aufkochen). Eigelbe und Puderzucker mit den Quirlen des Handrührgeräts schaumig schlagen, bis eine hellgelbe Masse entstanden ist.

2 Zitronenschale aus der Milch fischen. Die Eigelbmasse mit den Quirlen des Handrührgeräts nach und nach einrühren. Dann Kaffee, Apfelsaft und Aquavit einrühren. Alles kräftig aufschäumen. In zwei hohe Becher oder Gläser gießen, mit etwas Zimtpulver bestreuen und sofort servieren.

kirschensüßer Schwips

Schwarzwaldmädel

150 ml Sauerkirschnektar | 5 TL brauner Rohrohrzucker | 100 g Sahne | 1 TL Puderzucker | 1 TL Kakaopulver | 60 ml Kirschwasser | 3 TL Kirschgelee | 250 ml heißer starker Kaffee | Schokoladenröllchen und 2 Amarenakirschen zur Deko

Für 2 Personen | 30 Min. Zubereitung
Pro Portion ca. 475 kcal, 3 g EW, 21 g F, 51 g KH

1 Kirschnektar mit Zucker offen bei mittlerer Hitze in ca. 15 Min. sirupartig einkochen. Die Sahne mit Puderzucker und Kakao steif schlagen, kalt stellen.

2 Kirschwasser und -gelee in einen Topf geben. Das Gelee bei mittlerer Hitze unter Rühren auflösen. Von der Kochstelle nehmen, mit einem Streichholz anzünden und einige Sekunden brennen lassen. Mit dem Kaffee vorsichtig ablöschen.

3 Kirschsirup auf zwei hohe Gläser verteilen, den Kirschkaffee aufgießen, die Sahne darauf verteilen. Mit Schokoröllchen und Amarenakirsche garnieren.

es kann nur einen geben …

Highlander

120 g Sahne | 1 TL gemahlener Ingwer | 1 Stück frischer Ingwer (ca. 2 cm) | 2 EL flüssiger Honig | 60 ml schottischer Whisky | 200 ml heißer starker Kaffee | flüssiger Honig zum Beträufeln

Für 2 Personen | 20 Min. Zubereitung
Pro Portion ca. 315 kcal, 2 g EW, 19 g F, 19 g KH

1 Die Sahne mit dem gemahlenen Ingwer steif schlagen und kalt stellen. Den frischen Ingwer mit dem Sparschäler schälen und in dünne Scheiben schneiden. Mit dem Honig in einen kleinen Topf geben. Den Honig einmal aufkochen und bei mittlerer Hitze 2–3 Min. leise kochen lassen.

2 Whisky zum Ingwerhonig geben und alles noch einmal aufkochen lassen. Durch ein feines Sieb in zwei weite Bechergläser (Tumbler) gießen. Den Kaffee darauf gießen. Ingwersahne darauf geben. Mit jeweils ½ TL Honig dekorativ beträufeln.

apfelstarker Muntermacher

Breakfast de Normandie

½ säuerlicher Apfel (ca. 100 g; z. B. Braeburn oder Elstar) | 60 g Sahne | 40 ml Calvados | 20 ml Limettensirup | 3–4 TL Zucker | 100 ml heißer starker Kaffee

Für 2 Personen | 20 Min. Zubereitung
Pro Portion ca. 230 kcal, 1 g EW, 10 g F, 23 g KH

1 Den Apfel waschen. 2 dekorative Schalenspiralen abschälen und beiseite legen. Aus der Apfelhälfte das Kerngehäuse entfernen, den Apfel fein reiben. Mit Sahne, Calvados und dem Limettensirup fein pürieren.

2 Die Apfelsahne bei mittlerer Hitze unter Rühren erhitzen (nicht aufkochen), den Zucker darin auflösen. Apfelsahne auf zwei hohe Gläser verteilen.

3 Kaffee vorsichtig auf die Apfelsahne gießen, so dass sich zwei nur leicht ineinander übergehende Schichten ergeben. Die Apfelschalenspiralen an die Glasränder hängen.

Kaffee im Trend

Was man mit Kaffee nicht alles machen kann – allerspätestens die Coffeeshop-Welle hat's uns gezeigt. Alles Altbekannte also kalter Kaffee? Ja und nein: Hier mein Sommerliebling – Eiskaffee ganz neu, sprich: sauer interpretiert. Vielleicht nicht jedermanns Sache, doch keine Sorge: Den Klassiker mit Vanilleeis hab ich nicht vergessen!

Eiskaffee »Sour«

½ Bio-Limette
100 g Sahne
1 EL Puderzucker
4 Kugeln Zitronensorbet (à ca. 40 g)
300 ml gekühlter Kaffee
20 ml Limoncello (ital. Zitronenlikör; ersatzweise Limettensirup)

Für 2 Personen | ◎ 10 Min. Zubereitung
Pro Portion ca. 265 kcal, 1 g EW, 16 g F, 28 g KH

1 Die Limette heiß abwaschen und trockenreiben. Ca. 1 TL Schale abreiben und beiseite stellen.

2 Die Sahne mit dem Puderzucker steif schlagen. Das Zitronensorbet auf zwei große hohe Bechergläser oder Eispokale verteilen und den kalten Kaffee darüber gießen.

3 Die Sahne auf dem Kaffee verteilen. Den Limoncello bzw. den Limettensirup darüber träufeln. Mit der abgeriebenen Limettenschale bestreuen und sofort servieren.

VARIANTEN

Sie mögen es lieber klassisch? Dann schlagen Sie die Sahne mit 1 EL Vanillezucker steif und nehmen anstelle von Zitronensorbet Vanilleeis. Für die Deko eignen sich dann Schokoladenröllchen. Und für mehr Aroma können Vanillesirup oder Kaffeelikör sorgen.

Und: Mit Walnusseis und Haselnusslikör (oder auch Haselnuss-Sirup) kommen alle Nussknacker voll auf ihre Eiskaffee-Kosten!

Bailey's nicht auf, sondern in Eis!

Bail me out!

Als überzeugte Anhängerin von kaltem Kaffee auf Eis habe ich mir zig Varianten für das Grundrezept ausgedacht. Hier eine sehr edle für sehr gute Freunde!

Für die Bailey's-Eiscreme
125 g Magerquark | 100 g Dickmilch | 50 ml Bailey's | 2 EL Puderzucker
Für den Eiskaffee
100 g Himbeeren (frisch oder TK und aufgetaut) | 4 TL Puderzucker | 100 g Sahne | 200 ml gekühlter Kaffee
Außerdem
2 Himbeeren zur Deko

Für 2 Personen
20 Min. Zubereitung | 3–4 Std. Gefrieren
Pro Portion ca. 415 kcal, 13 g EW, 22 g F, 35 g KH

1 Für die Bailey's-Eiscreme Quark, Dickmilch, Bailey's und Puderzucker mit den Quirlen des Handrührgeräts cremig rühren. In eine Schüssel (am besten aus Edelstahl) umfüllen und für 3–4 Std. ins Gefrierfach stellen. Ab und zu kräftig durchrühren, damit die Eiskristalle nicht zu groß werden und die Creme geschmeidig bleibt.

2 Für den Eiskaffee die Himbeeren kalt abspülen, trockentupfen und mit 1 TL Puderzucker fein pürieren. Die Sahne mit dem restlichen Puderzucker steif schlagen.

3 Die Bailey's-Eiscreme auf zwei große hohe Bechergläser oder Eispokale verteilen und den Kaffee darüber gießen. Die Sahne darauf geben. Das Himbeerpüree dekorativ darüber geben. Jeweils 1 Himbeere darauf setzen und den Eiskaffee sofort servieren.

TIPP – SOLO GENIESSEN

Die Eiscreme ist solo äußerst desserttauglich – und schmeckt auch mit Eierlikör unglaublich gut!

bringt sanft auf Trab

S.O.S.-Smoothie

½ Bio-Orange | 200 g Sahnejoghurt (oder griechischer Joghurt) | 30 ml gekühlter Espresso | 3 TL Ingwermarmelade | gestoßenes Eis | Trinkhalme

Für 2 Personen | 10 Min. Zubereitung
Pro Portion ca. 160 kcal, 0 g EW, 0 g F, 10 g KH

1 Orange heiß abwaschen, trockenreiben, ca. 1 TL Schale abreiben. Die Orange auspressen und 40 ml Saft abmessen. Saft, Joghurt, Espresso und Marmelade im Standmixer zur homogenen Mischung mixen (oder mit Rührbecher und Pürierstab arbeiten).

2 Zwei große hohe Gläser etwa zur Hälfte mit gestoßenem Eis füllen und den Inhalt des Mixers darüber gießen. Die Drinks mit Orangenschale bestreuen und mit Trinkhalmen servieren.

VARIANTE MIT FRISCHEM INGWER

Wenn Sie keine Ingwermarmelade besorgen möchten, ersetzen Sie sie durch 1 Stück frisch geriebene Ingwerwurzel (2 cm) und 2–3 TL Zucker.

Sommerlaune garantiert!

Eiskaffee »Mero«

75 g Sahne | 2 TL Puderzucker | 150 ml gekühlter Kaffee | 80 ml Ananassaft | 40 ml Orangenlikör (z. B. Grand Marnier) | 4 Kugeln Pfirsicheis (à ca. 40 g) | ¼ Pfirsich (aus der Dose) zur Deko

Für 2 Personen | 15 Min. Zubereitung
Pro Portion ca. 265 kcal, 1 g EW, 12 g F, 35 g KH

1 Für die Deko den Dosenpfirsich sehr klein würfeln und beiseite stellen.

2 Für den Eiskaffee die Sahne mit dem Puderzucker steif schlagen. Den Kaffee, den Ananassaft sowie den Orangenlikör verrühren und die Mischung auf zwei große hohe Bechergläser oder Eispokale verteilen.

3 Jeweils 2 Kugeln Pfirsicheis in die Gläser geben und die Sahne darauf verteilen. Pfirsichwürfelchen darauf verteilen und den Eiskaffee sofort servieren.

schoko-starker US-Import

(Sp)Icy Chocoffee

200 ml Milch
6 TL Kakaopulver | 6 TL Zucker
100 g »Choclait Chips« (aus dem Süßwarenregal des Supermarkts)
200 ml gekühlter Kaffee
120 ml Vanillesirup
2–3 Prisen frisch gemahlener schwarzer Pfeffer (nach Belieben)

Außerdem
gestoßenes Eis

Für 4 Personen
15 Min. Zubereitung | 45 Min. Abkühlen
Pro Portion ca. 310 kcal, 5 g EW, 10 g F, 51 g KH

1 4–5 EL Milch mit dem Kakaopulver und dem Zucker glatt rühren. Die restliche Milch in einem Topf einmal aufkochen lassen. Von der Kochstelle nehmen, die Kakaomasse einrühren und den Kakao noch einmal aufkochen lassen. Von der Kochstelle nehmen und in ca. 45 Min. vollständig abkühlen lassen.

2 In der Zwischenzeit die »Choclait Chips« in einen Gefrierbeutel geben und mit dem Nudelholz fein zerkrümeln.

3 Kakao, Kaffee, den Vanillesirup und nach Belieben den Pfeffer mit 10–12 EL gestoßenem Eis in den Standmixer geben. Alles durchmixen, bis eine homogene Flüssigkeit entstanden ist (alternativ mit Rührbecher und Pürierstab arbeiten). Den Inhalt des Mixers auf zwei große Bechergläser verteilen. Die »Choclait Chips«-Krümel darüber streuen und die Drinks sofort servieren.

made in USA | schnell & einfach

Erdnuss-Schoko-Muffins

150 g geröstete, ungesalzene Erdnüsse
270 g Mehl | 2 TL Backpulver | Salz
150 g Schokotröpfchen
75 g Butter | 2 Eier
100 g Erdnussbutter
200 ml Buttermilch
120 g Zucker

Für 1 Muffinsform (12 Stück)
15 Min. Zubereitung | 25 Min. Backen
Pro Stück ca. 370 kcal, 10 g EW, 21 g F, 36 g KH

1 Backofen auf 180° vorheizen. 50 g Erdnüsse grob hacken, beiseite stellen. Übrige Erdnüsse grob mahlen und mit dem Mehl, Backpulver, ¼ TL Salz und Schokotröpfchen in einer Schüssel mischen.

2 Die Butter schmelzen. Mulden einer Muffinsform mit etwas Butter ausstreichen. Eier in einer zweiten Schüssel gut mit der Erdnussbutter verrühren. Buttermilch, Zucker und flüssige Butter unterrühren.

3 Die Mehlmischung zügig unter die flüssigen Zutaten rühren (nicht zu lange rühren). Den Teig gleichmäßig in die Mulden füllen und mit den gehackten Erdnüssen bestreuen. Muffins im Ofen (Mitte, Umluft 160°) in ca. 25 Min. goldbraun backen. Herausnehmen, leicht abkühlen lassen, dann aus der Form drehen und auf einem Kuchengitter auskühlen lassen.

KARAMELL-VARIANTE

Die Schokotröpfchen weglassen, dafür 150 g gehackte Rahmkaramellen auf den Teig in der Form geben und gut in den Teig drücken.

Dessert zum Schlürfen

Tira-Ti Su

2 Löffelbiskuits | 40 ml Crème de Cacao white (klarer Kakaolikör) | 20 ml Brandy | 20 ml gekühlter Espresso | 2 Spritzer frisch gepresster Zitronensaft | 20 ml Vanillesirup | 20 g Sahne | 6 Eiswürfel zum Shaken | Kakaopulver und Zitronenschalenspiralen zum Garnieren

Für 2 Personen | 10 Min. Zubereitung
Pro Portion ca. 160 kcal, 1 g EW, 4 g F, 23 g KH

1 Die Löffelbiskuits in einen Gefrierbeutel geben und mit dem Nudelholz fein zerkrümeln. Die Brösel auf zwei Cocktailschalen verteilen.

2 Kakaolikör, Brandy, Espresso, Zitronensaft, Vanillesirup und Sahne mit den Eiswürfeln in einen Cocktailshaker geben. Den Shaker verschließen und 20–30 Sek. kräftig schütteln.

3 Den Inhalt des Shakers durch ein Barsieb in die Cocktailschalen gießen. Die Drinks mit Kakao und Zitronenschalenspiralen garniert sofort servieren.

80er-Erinnerung …

Love like Blood

100 g Sahne | gestoßenes Eis zum Auffüllen | 80 ml guter trockener Weißwein | 60 ml gekühlter Kaffee | 40 ml Kirschsirup | 6 Eiswürfel zum Shaken | 2 Cocktailkirschen zur Deko | Trinkhalme

Für 2 Personen | 10 Min. Zubereitung
Pro Portion ca. 255 kcal, 1 g EW, 16 g F, 21 g KH

1 Die Sahne steif schlagen und kalt stellen. Zwei große hohe Bechergläser etwa zur Hälfte mit gestoßenem Eis füllen.

2 Weißwein, Kaffee und 20 ml Kirschsirup mit den Eiswürfeln in einen Cocktailshaker geben. Den Shaker verschließen und 20–30 Sek. kräftig schütteln.

3 Den Inhalt des Shakers durch ein Barsieb in die Gläser gießen. Die Sahne darauf verteilen. Jeweils 10 ml Kirschsirup dekorativ darüber laufen lassen und 1 Cocktailkirsche darauf setzen. Mit Trinkhalmen sofort servieren.

frisch und belebend

Pfefferminz-Prinz

400 ml kalter starker Pfefferminztee | 30 ml Pfefferminzsirup | 60 ml gekühlter Espresso | 60 g Sahne | 40 ml grüner Pfefferminzlikör | 40 ml Eierlikör | 20 ml Zuckersirup | 6 Eiswürfel zum Shaken | 2 Zweige frische Minze zur Deko | Trinkhalme

Für 2 Personen
15 Min. Zubereitung | 12 Std. Gefrieren
Pro Portion ca. 265 kcal, 1 g EW, 10 g F, 29 g KH

1 Pfefferminztee und -sirup verrühren, in eine Eiswürfelschale gießen und 12 Std. gefrieren. Danach 12–14 Minz-Eiswürfel in der Eismühle crushen oder im Gefrierbeutel mit dem Nudelholz klein klopfen. Auf zwei weite Bechergläser (Tumbler) verteilen.

2 Espresso, Sahne, Pfefferminzlikör, Eierlikör und Zuckersirup mit den Eiswürfeln in einen Cocktailshaker geben. Verschließen und 20–30 Sek. kräftig schütteln. Den Inhalt des Shakers durch ein Barsieb in die Gläser gießen. Jeweils 1 Minzezweig in den Drink stellen, mit Trinkhalmen servieren.

in der Hängematte zu genießen

Madame Coco

6 Ananaswürfel | 2 Cocktailspieße | 14 Eiswürfel | 80 ml ungesüßte Kokosmilch (aus der Dose) | 60 ml gekühlter Kaffee | 60 ml Ananassaft | 40 ml brauner Rum | 30 ml Kokossirup | Trinkhalme

Für 2 Personen | 10 Min. Zubereitung
Pro Portion ca. 205 kcal, 1 g EW, 8 g F, 21 g KH

1 Für die Deko je 3 Ananasswürfel auf 1 Cocktailspieß stecken. Für den Drink jeweils 4 Eiswürfel in zwei hohe Bechergläser geben.

2 Kokosmilch, Kaffee, Ananassaft, den Rum und den Kokossirup mit den übrigen Eiswürfeln in einen Cocktailshaker geben. Den Shaker verschließen und 20–30 Sek. kräftig schütteln.

3 Den Inhalt des Shakers durch ein Barsieb in die Gläser gießen. Die vorbereiteten Cocktailspieße auf die Glasränder legen und die Drinks mit Trinkhalmen servieren.

birnenfein | edel

Café Hélène

400 ml heißer starker Kaffee
80 ml Cognac (ersatzweise Weinbrand)
40 g Edelbitterschokolade (70 % Kakao)
8 TL brauner Rohrohrzucker

Für die Birnensahne

1 Vanilleschote
2 Schalenstücke (ca. 3 cm) von 1 Bio-Zitrone
1 Zimtstange | 3 Gewürznelken
3–4 TL brauner Rohrohrzucker
1 Birne (ca. 300 g) | 200 g Sahne
Schokoladenröllchen zum Bestreuen

Für 4 Personen | 30 Min. Zubereitung
15 Min. Garen | 1 Std. Abkühlen
Pro Portion ca. 340 kcal, 2 g EW, 19 g F, 29 g KH

1 Für die Birnensahne die Vanilleschote längs aufschlitzen, das Mark herauskratzen. Mit der Schote, Zitronenschale, Zimtstange, Nelken, dem Zucker und 500 ml Wasser in einen Topf geben. Das Wasser mit den Gewürzen einmal aufkochen.

2 Inzwischen die Birne schälen, vierteln und das Kerngehäuse entfernen. Birnenviertel ins kochende Wasser geben und zugedeckt bei mittlerer Hitze ca. 15 Min. garen. Topf von der Kochstelle nehmen, Birnen im Sud in ca. 1 Std. ganz abkühlen lassen.

3 Nach dieser Zeit Kaffee, Cognac, Schokolade und Zucker einmal aufkochen. Birnen aus dem Sud heben, mit 2 EL Sud fein pürieren. Die Sahne steif schlagen, vorsichtig unter das Püree ziehen.

4 Den Schoko-Kaffee auf vier Tassen verteilen, die Birnensahne darauf geben. Mit Schokoladenröllchen bestreuen und sofort servieren.

Käsebrot? Französischer Doppeldecker!

Birnen-Brie-Baguette

2 EL flüssiger Honig
2 EL körniger Senf
1 EL Zitronensaft
3 EL Crème fraîche
Salz | Pfeffer
1 reife feste Birne
200 g Brunnenkresse (ersatzweise Feldsalat oder 2 Kästchen Gartenkresse)
250 g Brie
1 frisches Baguette

Für 4 Personen | 20 Min. Zubereitung
Pro Portion ca. 475 kcal, 20 g EW, 23 g F, 47 g KH

1 Den Honig gut mit Senf, Zitronensaft und der Crème fraîche glatt rühren. Kräftig mit Salz und Pfeffer würzen.

2 Birne waschen, vierteln, das Kerngehäuse entfernen. Die Birnenviertel in feine Würfel schneiden und unter die Crème fraîche heben.

3 Die Brunnenkresse waschen, trocknen, verlesen und in kleine Blättchen zupfen. Den Käse in Scheiben schneiden.

4 Das Baguette in 4 gleich große Stücke schneiden, jedes Stück quer halbieren. Untere Brothälften gleichmäßig mit der Birnen-Crème-fraîche bestreichen, darauf die Hälfte der Brunnenkresse verteilen. Briescheiben darauf legen und restliche Brunnenkresse darüber geben. Alles kräftig mit Pfeffer übermahlen. Die oberen Brothälften darauf klappen und leicht andrücken.

Milchkaffee in Weiß

Caffè latte bianco

800 ml Milch (1,5 %)
12 EL Kaffeebohnen
40 g Amarettini (kleine ital. Mandelkekse)
120 g weiße Schokolade
40 ml Amaretto (ital. Mandellikör, nach Belieben)

Außerdem

4 lange Löffel zum Servieren

Für 4 Personen
30 Min. Zubereitung | 3 Std. Durchziehen
Pro Portion ca. 280 kcal, 10 g EW, 14 g F, 28 g KH

1 Die Milch und die Kaffeebohnen in einem Topf erhitzen. Kurz vor dem Aufkochen von der Kochstelle nehmen und zugedeckt 2–3 Std. ziehen lassen (je länger, desto intensiver der Kaffeegeschmack).

2 Inzwischen die Amarettini in einen Gefrierbeutel geben und mit dem Nudelholz fein zerkrümeln.

3 Die Kaffee-Milch durch ein feines Sieb wieder in einen Topf gießen und erhitzen (nicht aufkochen). Schokolade in Stücke brechen und in der Milch schmelzen, nach Belieben den Amaretto einrühren.

4 Die Kaffeemilch auf vier hohe Gläser verteilen. Die Amarettini-Krümel darauf verteilen und den Drink mit langen Löffeln darin sofort servieren.

fruchtig-herb | ungewöhnlich

Espresso-Orangen-Plätzchen

5 EL gewürfeltes Orangeat
150 g Mehl
4 EL Puderzucker
2 ½ EL Kakaopulver
2 TL grob gemahlenes Espresso-Kaffeepulver
150 g kalte Butter
150 g Orangenmarmelade
200 g Zartbitterkuvertüre

Für ca. 25 Stück | 30 Min. Zubereitung
30 Min. Ruhen | 15 Min. Backen
Pro Stück ca. 145 kcal, 1 g EW, 8 g F, 18 g KH

1 Das Orangeat ganz fein hacken. 2 EL Orangeat mit Mehl, Puderzucker, Kakao- und Espressopulver in einer Schüssel mischen. Die Butter in Flöckchen schneiden, darauf geben und mit einem Messer zerhacken, anschließend zügig mit den Händen zu einem Teig kneten. Zur Kugel rollen und 30 Min. in Plastikfolie gewickelt in den Kühlschrank legen.

2 Den Backofen auf 175° (Umluft 160°) vorheizen. Den Teig zu ca. 25 Kügelchen rollen, auf ein mit Backpapier ausgelegtes Blech legen und zu Plätzchen mit ca. 3 cm Ø platt drücken. Im heißen Ofen (Mitte) in 12–15 Min. backen. Abkühlen lassen.

3 Die Marmelade erhitzen und fein pürieren. Kuvertüre im Wasserbad schmelzen. Die Plätzchen erst jeweils bis zur Mitte in die Marmelade, anschließend in die Kuvertüre tauchen. Mit übrigem Orangeat bestreuen und zum Trocknen auf Backpapier legen.

exotisch-fruchtig

Orangen-Kumquat-Sirup

50 g Kumquats (Zwergorangen) | 3 Bio-Orangen | 1 Zitrone | 1 Zimtstange | 3 Gewürznelken | 100 g Zucker

Ergibt 200 ml Sirup | 15 Min. Zubereitung
Insgesamt ca. 490 kcal, 2 g EW, 0 g F, 121 g KH

1 Die Kumquats heiß waschen, trockenreiben und in dünne Scheiben schneiden. Die Orangen auspressen und 200 ml Saft abmessen. Die Zitrone ebenfalls auspressen und 50 ml Saft abmessen.

2 Kumquatscheiben und Fruchtsäfte mit der Zimtstange, den Gewürznelken und dem Zucker in einen Topf geben und einmal aufkochen. Dann offen bei mittlerer Hitze in ca. 10 Min. sirupartig einkochen lassen. Von der Kochstelle nehmen, abkühlen lassen.

3 Sirup durch ein feines Sieb in eine kleine verschließbare Flasche füllen. Hält sich im Kühlschrank ca. ½ Jahr. Macht Kaffee fruchtig und aus Sprudel Limo!

fein aromatisch

Pfefferminzsirup

3 Pfefferminztee-Beutel | 2–3 EL flüssiger Honig (ersatzweise Zucker) | 20 ml Pfefferminzlikör (Crème de Menthe)

Ergibt 200 ml Sirup | 25 Min. Zubereitung
Insgesamt ca. 165 kcal, 0 g EW, 0 g F, 38 g KH

1 Die Teebeutel in eine große Tasse hängen und mit 250 ml kochendem Wasser übergießen. 10–15 Min. ziehen lassen (je länger, desto intensiver das Pfefferminzaroma).

2 Die Teebeutel entfernen, den noch warmen Pfefferminztee in einen Topf geben. Den Honig einrühren und alles einmal aufkochen lassen. Dann offen bei mittlerer Hitze in ca. 10 Min. sirupartig einkochen lassen. Den Pfefferminzlikör einrühren. Von der Kochstelle nehmen und abkühlen lassen.

3 Sirup in eine kleine verschließbare Flasche füllen. Hält sich im Kühlschrank ca. ½ Jahr. Schmeckt super im Kaffee und peppt auch Schwarztee auf.

schön würzig

Muskat-Ingwer-Sirup

ca. 2 cm frischer Ingwer | 2 Schalenstücke (ca. 3 cm) von einer Bio-Zitrone | 100 g brauner Rohrohzucker | ¼–½ TL geriebene Muskatnuss

Ergibt 200 ml Sirup | 20 Min. Zubereitung
Insgesamt ca. 405 kcal, 0 g EW, 0 g F, 101 g KH

1 Den Ingwer schälen und fein reiben. Mit Zitronenschale, Zucker und 250 ml Wasser in einem Topf einmal aufkochen, dann offen bei mittlerer Hitze in ca. 15 Min. sirupartig einkochen lassen.

2 Muskat dazugeben, den Sirup noch einmal aufkochen, abkühlen lassen. Durch ein feines Sieb seihen. Hält sich verschlossen im Kühlschrank ca. ½ Jahr. Würzt Kaffee und schmeckt zu Vanilleeis.

TIPP – EISKAFFEE »MUSKAT«

40 ml Orangensaft, 30 ml kalten Kaffee, 30 ml Muskat-Ingwer-Sirup sowie je 2 EL Wodka und Sahne mit 4 Eiswürfeln in einem Cocktailshaker schütteln. Shakerinhalt in ein Becherglas über 1 Kugel Vanilleeis gießen. Fein!

cremig und supersüß

Sahne-Karamell-Sirup

1 Vanilleschote | 100 g Zucker | 100 g Sahne

Ergibt 200 ml Sirup | 25 Min. Zubereitung
Insgesamt ca. 710 kcal, 2 g EW, 32 g F, 103 g KH

1 Die Vanilleschote längs aufschlitzen, das Mark mit einem spitzen Messer herauskratzen.

2 Den Zucker in einem Topf bei mittlerer Hitze langsam schmelzen und goldbraun karamellisieren lassen. Mit 200 ml Wasser vorsichtig ablöschen (Achtung: spritzt!). Den festen Karamell wieder vom Topfboden loskochen. Vanillemark und ausgekratzte Schote dazugeben, offen bei mittlerer Hitze in ca. 10 Min. sirupartig einkochen.

3 Die Sahne zum Sirup geben. Alles noch einmal aufkochen und offen bei mittlerer Hitze weitere 10 Min. leise kochen lassen. Von der Kochstelle nehmen, durch ein feines Sieb gießen und abkühlen lassen, dabei gelegentlich umrühren. In eine verschließbare Flasche umfüllen. Hält sich im Kühlschrank ca. 2 Wochen.

Zum Gebrauch
Damit Sie Rezepte mit bestimmten Zutaten noch schneller finden können, stehen in diesem Register zusätzlich auch beliebte Zutaten wie **Schokolade** oder **Orangensaft** – ebenfalls alphabetisch geordnet und **hervorgehoben** – über den entsprechenden Rezepten.

Register der Getränke

Register der Gerichte

DAS ORIGINAL MIT GARANTIE

Ihre Meinung ist uns wichtig. Deshalb möchten wir Ihre Kritik, aber auch Ihr Lob erfahren, um als führender Ratgeberverlag noch besser zu werden. Darum schreiben Sie uns! Wir freuen uns auf Ihre Post und wünschen Ihnen viel Spaß mit Ihrem GU-Ratgeber.

Unsere Garantie: Sollte ein GU-Ratgeber einmal einen Fehler enthalten, schicken Sie uns das Buch mit einem kleinen Hinweis und der Quittung innerhalb von sechs Monaten nach dem Kauf zurück. Wir tauschen Ihnen den GU-Ratgeber gegen einen anderen zum selben oder ähnlichen Thema um.

GRÄFE UND UNZER VERLAG

Redaktion Kochen & Verwöhnen

Postfach 86 03 13
81630 München
Fax: 0 89/41 98 1-113

oder schreiben Sie uns eine E-Mail an:
leserservice@graefe-und-unzer.de

Die Temperaturangaben bei Gasherden variieren von Hersteller zu Hersteller. Welche Stufe Ihres Herdes der jeweils angegebenen Temperatur entspricht, entnehmen Sie bitte der Gebrauchsanweisung. Bei Elektroherden können die Backzeiten je nach Herd variieren.

Programmleitung: Doris Birk
Leitende Redakteurin:
Birgit Rademacker
Redaktion: Ruth Wiebusch, Tanja Dusy
Lektorat: Claudia Lenz
Layout, Typografie und Umschlaggestaltung: independent Medien-Design, München
Satz: Liebl Satz+Grafik, Emmering
Herstellung: Petra Roth
Reproduktion:
Penta Repro, München
Druck und Bindung:
Appl, Wemding

ISBN (10) 3-8338-0310-X
ISBN (13) 978-3-8338-0310-9

Auflage	5.	4.	3.	2.	1.
Jahr	2010	09	08	07	06

GRÄFE UND UNZER
Ein Unternehmen der
GANSKE VERLAGSGRUPPE

Die Autorin

Alessandra Redies studierte Philosophie, Germanistik und Buchwissenschaft in München und arbeitet seit 2000 in der Kochbuchredaktion des GRÄFE UND UNZER VERLAGS. Für Flüssiges immer zu haben, hat sie sich auf dem Gebiet des Schüttelns und Rührens zur Expertin gemausert: Aus ihrer Feder stammen Erfolgstitel wie Cocktails, Cocktails & Drinks, Sommerdrinks und Cocktail-Party-Box. Für diesen KüchenRatgeber machte sie die ein oder andere Kaffeepause mehr…

Der Fotograf

Jörn Rynio arbeitet als Fotograf in Hamburg. Zu seinen Auftraggebern gehören nationale und internationale Zeitschriften, Buchverlage und Werbeagenturen. Aus seinem Studio stammen alle Fotos in diesem Band. Tatkräftig unterstützt wurde er dabei von seiner Foodstylistin Petra Speckmann.

Bildnachweis

Titelfoto: Joerg Lehmann, Paris; alle anderen: Jörn Rynio, Hamburg

Titelbildrezepte

Espresso-Orangen-Plätzchen, Seite 56; Mallorca-Kaffee, Seite 24

GU-EXPERTEN-SERVICE

Haben Sie Fragen zu den Rezepten oder benötigen Sie weiteren Rat zum Thema? Dann schreiben Sie uns. Unsere Experten helfen Ihnen gerne weiter. Unsere Adresse finden Sie links.

Stilvoll serviert und aufgehübscht

Es braucht wirklich nicht viel, um aus einer einfachen Tasse Kaffee etwas Besonderes zu machen: ein Praliné auf der Untertasse, ein Zuckertütchen – oder einfach nur das richtige Gefäß.

Gläser und Schalen »Zweischichter« wie Latte Macchiato oder Gewürzkaffee »Bananasahna« kommen in Gläsern am besten zur Geltung. Für Ersteren gibt's spezielle Latte-Macchiato-Gläser. Schön für Letzteren: orientalisch verzierte Gläser aus dem Wohnaccessoire-Geschäft. Dazu zum Umrühren Trinkhalme oder lange Löffel reichen. Café au lait fühlt sich in einer »Bol«, einer großen Kaffeeschale mit Standfuß pudelwohl.

Schmucke Tässchen In Mokkatässchen serviert sieht ein Türkischer aus, wie er schmeckt. Die bunt gemusterten Tassen mit Golddekor sind dünnwandig, laufen nach unten hin schmal zu, haben einen kleinen Fuß. Auch schick: kleine orientalisch verzierte Gläser aus dem Wohnaccessoire-Geschäft. In kleinen weißen Espressotässchen (ca. 70 ml Fassungsvermögen) und mit Mini-Löffeln kommt der schwarze Italiener am liebsten daher.

Kaffee mit Herz Viele Kaffeespezialitäten wie Cappuccino oder Melange verbergen ihr Aroma unter reichlich weißem Schaum. Den können Sie mit etwas Kakaopulver easy aufpeppen – entweder lässig drübergestreut oder noch besser: durch eine Schablone aufgestreut – z. B. in Herzform. Diese aus stabilem Papier selber ausschneiden oder in Wohnaccessoire- oder Kaffee-Geschäften Ausschau nach Plastikschablonen halten.